तुझे बनाऊँ मैं

प्रेम, प्रेरणा, प्रकृति और पूर्णता की 51 कविताएं

डॉ मुकेश अग्रवाल

अध्यात्म

साइक्लिंग

समसामयिक

विविध

इंद्रधनुषीय रंगों से सजा काव्य संग्रह: *डॉ. राधेश्याम भारतीय*

आयुर्वेद एवं योगा में राष्ट्रीय पुरस्कार से सम्मानित डॉ मुकेश अग्रवाल जहाँ चिकित्सा के क्षेत्र में विशेष मुकाम हासिल कर चुके हैं, वहीं साहित्य के क्षेत्र में भी पूरे मनोयोग से सृजनरत हैं। अभी तक इनके 12 काव्य संग्रह प्रकाशित हो चुके हैं। ज्ञात हो इनका प्रथम काव्य- संग्रह **'सिर्फ एक मानव हूँ मैं'** हरियाणा साहित्य अकादमी, पंचकूला के सौजन्य से प्रकाशित हुआ है।

डॉ. मुकेश अग्रवाल की कविताओं में विविध रंग देखने को मिलते हैं । इस काव्य संग्रह में संकलित 51 कविताएँ प्रेम, प्रेरणादायक, आध्यात्मिक, साइकलिंग, समसामयिक और विविध में विभाजित है ।

हम सब एक ही मिट्टी के पुतले हैं, एक ही हमारा सृजनहार है, लेकिन फिर भी हम एक दूसरे से नफरत करते हैं, ऐसे में 'प्रेम' आज की आवश्यकता है। वैसे भी प्रेम में इतनी ताकत है कि वह बड़ी से बड़ी समस्या को भी पल भर में ही हल कर देता है। प्रेम के अंतर्गत आने वाली कविताएं मानवीय मूल्यों से सरोकार रखती हैं, वहीं श्रृंगार रस की कविताएँ पाठकों को आकर्षित करती हैं। प्रेरणा के अंतर्गत आने वाली कविताएं सोच की नई खिड़कियां खोलती हैं, हमारी सोई चेतना को जाग्रत करती हैं और स्पर्धा की भावना से भर देती हैं।

भारतीय संस्कृति सदियों से अक्षुण्ण रही है, इसके पीछे वसुधैव कुटुंम्बकम की भावना समाहित है, वहीं इसके उदात्त मूल्य हैं।

'तत्त्वमसि' कविता के माध्यम से श्वेतकेतु और उसके पिता के संवाद जीवन मूल्यों को उजागर करते हैं ।

कवि ने साइकिलिंग जैसे सामान्य विषय को विशिष्ट बना दिया है। यदि हर व्यक्ति साइकिलिंग करने लगे तो वह जहां प्रातः काल प्रकृति के नैसर्गिक सौंदर्य का आनंद उठा पाएगा, वहीं शारीरिक और मानसिक रूप से स्वस्थ रहेगा।

इन कविताओं में जल, जंगल और जमीन के प्रति गहरी चिंता व्यक्त की गई है और कवि आशा करता है कि हम सबको इन्हें बचाने के प्रयास करने चाहिएं।
'संस्कृति के चार अध्याय' जिन लोगों ने नहीं पढ़ी, यदि इस कविता को पढ़ेंगे तो वे उसमें निहित मूल्यों से प्रेरित अवश्य होंगे।

ये कविताएं भावों और विचारों का सामंजस्य लिए हुए हैं। यह काव्य- संग्रह साहित्य जगत में अपना एक विशेष स्थान बनाए, इन्हीं मंगल कामनाओं के साथ रचनाकार मुकेश अग्रवाल को हार्दिक शुभकामनाएँ।

नसीब विहार कॉलोनी
घरौंडा (करनाल)

कई वर्षों से डाक्टर मुकेश जी से जान-पहचान है, जो समय के साथ सघन मित्रता में तबदील होती चली गई। हालांकि इस मित्रता की एक वजह उनकी आत्मियता तो है ही, लेकिन साथ ही उनकी सज्जनता, सहज विनम्रता, निश्छल आचरण और जीवन के विभिन्न पहलुओं के प्रति उनकी सृजनशीलता भी है। डॉ मुकेश पेशे से डॉक्टर हैं, जबकि इसके साथ ही एक सजग समाज सेवी और साहित्य प्रेमी भी हैं।

डॉ मुकेश लगभग 11 कविता संग्रह लिख चुके हैं और यह काव्य - संग्रह इनका 12वां काव्य - संग्रह है; जिसका शीर्षक है - " तुझे बनाऊं मैं "। इस काव्य - संग्रह में प्रेरणा, प्रकृति और दर्शन के साथ - साथ प्रेम की छाप स्पष्ट दिखाई पड़ती है। उनकी हर दिन एक नई कविता को पढ़कर महसूस होता है कि अपने पद्यायात्मक रचनाकर्म में ऐसा शायद ही कोई विषय हो जो उनकी पकड़ से अछूता रहा हो। डॉ मुकेश मूल रूप से कवि हैं। इनका शक्तिशाली व्यक्तित्व ऐसा वैभवशाली है कि इनसे मिलना होता है तो जैसे उनके माध्यम से उनका पद्यात्मक रचना कर्म और जब उनकी कविताएं पढ़ने पर उनकी कविताओं के ज़रिए खुद उन्हें समझने की सहज़ तरकीब मिलती है। मुकेश जी जैसे भीतर से है वैसे ही बाहर से हैं, कहीं कोई बाह्य आवरण, आडंबर और नकलीपन नज़र नहीं आता है, ना उनके व्यक्तित्व में और ना ही उनकी रचनात्मकशीलता में। अपने व्यवहार कुशल आचरण से मुकेश जी ने एक बड़े जन - समूह को अपने साथ जोड़ लिया है, जो समाजिक जागरण और सृजनधर्मिता के स्तर पर बड़ी भूमिका रखता है। कवि ना केवल साहित्य प्रेमी

हैं, बल्कि साहित्यकारों के प्रति गहरा सम्मान भी रखते हैं, जिसके चलते हर वर्ष वो साहित्यकारों को विशेष रूप से एक समाजिक, साहित्यिक मंच पर लाकर सम्मानित भी करते हैं, ऐसी साहित्यिक गतिविधियां साहित्य के प्रति उनकी निष्ठा को प्रस्तुत करती हैं।

डॉ मुकेश अग्रवाल जी के पास जैसे अनन्त विचारों का अंबार है, शायद तभी वो लगभग हर विषय पर इतना कुछ लिख पाए। इनकी कविताओं में सुख - दुःख, राग - विराग, आशा - निराशा के लगभग तमाम दैनिक पहलू और मुद्दे हैं, समस्याएं भी हैं और समस्याओं का निराकरण करने की ऊहा - पोह भी है। इसलिए हम उनकी जीवन के प्रति संजीदगी उनके रचनाकर्म में देखते हैं, उनका अनुशासन देखते हैं, चाहे वो यूट्यूब पर उनके मोटीवेशनल स्पीच हो, चाहे समय-समय पर निरंतर साहित्यिक, सांस्कृतिक गतिविधियां ही हों।

हाल ही में मुकेश जी ने प्रतिष्ठित, बौध्दिक विद्वतजनों, चिंतकों, सृजनकर्मियों के इंटरव्यू की एक साक्षात्कार श्रृंखला शुरू की है। इसके जरिए लोगों को उन प्रेरक चरित्रों और विचारशील लोगों से मिलवाना है जो समाज में अपना आदर्श जीवन स्थापित करते हैं। इसके माध्यम से लोगों को प्रेरित और जागरूक करने का उनका यह अपना तरीका है, जिससे लोग निश्चित रूप से प्रभावित हुए बिना ना रह सकेंगे। ऐसे में महान गज़लकार दुष्यंत कुमार की बहुत चर्चित पंक्तियां मेरे मानसपटल पर कौंधती हैं -

" हो गई है पीर पर्वत सी पिघलनी चाहिए,
इस हिमालय से कोई गंगा निकलनी चाहिए,
सिर्फ हंगामा खड़ा करना मेरा मकसद नहीं,

मेरी पूरी कोशिश है यह सूरत बदलनी चाहिए "।

तब निश्चित ही डॉ मुकेश अग्रवाल जी उसी सूरत को बदलने की कोशिश में जुटे हैं, शायद जिस सूरत के बदलने की बात दुष्यंत कुमार कर रहे हैं। मुकेश जी जीवन को जैसा जीते हैं वैसा ही अभिव्यक्त करते हैं। इनकी बात एक आम आदमी की बात है। मुकेश जी ने आज के समय की समाजिक, आर्थिक, राजनीतिक, धार्मिक, सांस्कृतिक स्तर पर लगभग सभी विषयों पर कुछ ना कुछ लिखा है। अपने व्यवसाय से हटकर साहित्यिक सृजनशीलता उनकी संवेदनशील छवि को प्रस्तुत करती है। कवि की समाजिक चिंता उन्हें रचनाकर्मी बनाती है और उस रचनाधर्मिता का मुख्य उद्देश्य यही होता है कि समाज सभ्य संस्कारित हो और समाजिक क्षुद्रताएं, संकीर्णताएं नष्ट हों। क्योंकि कवि इस सच्चाई को जानता है कि मनुष्य समाज में रहता है, और समाज में व्यवस्थित रूप से रहने जीने के लिए उसका समाजिक होना अनिवार्य है, तब ऐसे में लोगों से जुड़ कर और एक जन समूह को खुद से जोड़कर चलना होगा, यदि समाज में सजग रूप से वह कुछ करना चाहता है तो। मुझे लगता है कि तभी वास्तविक प्रगति संभव है, चाहे वो समाजिक विकास के परिप्रेक्ष्य में कोई प्रयास है, चाहे अपने निजी व्यक्तिगत क्षेत्र में आत्मिक उत्थान की चेष्टा और परिश्रम है। शायद मनुष्य का यही मुख्य मानवीय मौलिक कर्म, कर्तव्य है। मुझे एकाएक ज़िगर मुरादाबादी की पंक्तियां याद आती हैं -
" उनका जो फ़र्ज़ है वो अहल - ए- सियासत जाने,
मेरा पैगाम महोब्बत है, जहां तक पहुंचे " ।
- ज़िगर मुरादाबादी

डॉ मुकेश की मंशा दुनिया में प्रेम और सौहार्द को फैलाना है। वो मानवीय मूल्यों को तो सहजता से जीते समझते हैं ही, बल्कि प्रकृति प्रेमी भी हैं। उनकी ऐसी प्राकृतिक सन्निकटता को अभिव्यक्त करती एक कविता में रात्रि के सौंदर्य का चित्रण दिखाई देता है -

" गुनगुना रही रात अंधेरी,
गीत गा रही रात अंधेरी,
थोड़ी - थोड़ी, धीरे-धीरे
बढ़ती जा रही रात अंधेरी,

नींदों को खुद में छिपाए
सपनों का संसार बनाए,
सबकी थकान मिटाकर
सोने जा रही रात अंधेरी,

तारों से आकाश आच्छादित
चंदा इनके बीच दिखा है,
देख अपना अजब नजारा
मुस्करा रही रात अंधेरी "।

डॉ मुकेश की कविता में अध्यात्मिक छुअन को महसूस किया जा सकता है। उनका यकीन है कि दैवीय प्रेरणा के बिना रचनाकर्म करना और जीवन के विभिन्न पहलुओं को समझना और अपने सकारात्मक मंतव्य में सफलता पाना भी मुमकिन नहीं है। क्योंकि मुकेश जी अस्तित्ववादी आस्तिक व्यक्ति हैं जो मानते हैं कि सृजन प्रक्रिया के लिए कुदरत परोक्ष - अपरोक्ष रूप से सहयोग करती है तो अध्यात्मिक झलक से भी उनकी कविता अछूती नहीं है।

" कृष्ण धरती पर आएगा " एक कविता के माध्यम से कवि अपनी आस्था और उम्मीद को जाहिर करता है कि किसी ना किसी रूप में कभी ना कभी ईश्वरीय प्रेरणा से किसी ना किसी माध्यम से मनुष्य के भीतर का कोलाहल और संताप मिटेगा, सत्य का प्रकाश होगा, अधर्म - अनाचार मिटेगा और धर्म की गूंज उठेगी। तब मानवीय मूल्यों अथवा ईश्वरीय उद्देश्यों को व्यापक स्तर पर अविराम असीम फैलाव मिलेगा।

" जन्म होगा आज श्याम का

कृष्ण धरती पर आएगा,

गूंजेगी शहनाई अंबर में

सारा जहां मुसकाएगा,

हर ओर उजियारा होगा

घर - घर दीपक जल जाएगा,

इस अनुपम नज़ारे को देख

धरा - गगन फूल बरसाएगा "।

मुकेश जी की कविता में देश - प्रेम की भावना को भी देखा जा सकता है। " भारत मां " कविता के माध्यम से कवि का स्वर गीत देखिए –

" तेरे बारे में मां जितना जानता जाता हूं

खुद को उतना ही विस्मित पाता हूं,

शब्द नहीं है मेरे पास

तेरी गाथा गाने को,

तेरी महानता का बस अंदाजा ही लगा पाता हूं"।

मुकेश जी की भाषा इतनी सरल साधारण है कि बच्चे भी उनकी कविताओं को पढ़कर लाभान्वित हो सकते हैं । इनकी कविता में ज़िन्दगी के हर्ष - विषाद के तमाम रंग - रूप दिखाई पड़ने की वजह से इनकी कविता में समकालीन कविता की छवि - छाप के कुछ लक्षण या

तरीका दिखाई देता है, जो तरह-तरह की काव्यात्मक कलीष्ट शैली, बिंबात्मक शिल्प विधान और कविता के मूल तत्व कल्पना - शक्ति की बेजोड़ कलात्मकता का लोप इनकी कविता में दिखाई देता है। लेकिन कविता में काव्यात्मक सौंदर्यबोध की कमी कविता की कोमलता को आहत करती है, जिसकी वजह से हमेशा मुझे लगता है कि कविता का कवित्व कविता में किसी ना किसी रूप में किसी भी तरह कायम रहना चाहिए और कविता की यह प्राकृतिक कोमलता कवि द्वारा भी बचाई जाने के लिए साहित्यिक परिश्रम और अभ्यास की विशेष ज़रूरत है। यद्यपि हम मुकेश जी को निरंतर उद्यम और प्रयास करते देखते हैं, वह सदैव कुछ नया सीखने की जुगत में लगे रहते हैं, हालांकि व्यस्ततम दिनचर्या में हर तरह की चीजों और गतिविधियों के लिए छोटे - छोटे टुकड़ों में समय बांटकर समय निकालना मुश्किल हो जाता है, लेकिन यदि चीजों को साकार करना है तो हर संभव यत्न करने होंगे और कवि के द्वारा किए जाते भी हैं।

अंततः डॉ मुकेश अग्रवाल जी को उनके इस काव्य - संग्रह की अनन्त बधाई एवं शुभकामनाएं। साथ ही नोशन प्रैस को बहुत बधाई और साधुवाद, जिन्होंने इस काव्य - संग्रह को छापकर कवि की साहित्यिक यात्रा को सुगम बनाया है। हमें डॉ मुकेश से विभिन्न स्तरों पर साहित्यिक, सामाजिक गतिविधियों की और अधिक उम्मीद है। आशा है कि डॉ मुकेश जी अपने पाठकों की उम्मीद पर खरा उतरेंगे।

- करनाल, हरियाणा

मन की बात

कविता आत्मा की आवाज़ है। यह हमारे भीतर की उन भावनाओं और अनुभवों का प्रतिबिंब है, जिन्हें हम अक्सर शब्दों में व्यक्त नहीं कर पाते। "तुझे बनाऊँ मैं" काव्यसंग्रह मेरे मन और हृदय की गहराइयों से निकले उन विचारों का संकलन है, जो जीवन के विभिन्न रंगों से सजे हुए हैं। प्रेम के नर्म एहसास से लेकर साइक्लिंग के रोमांच तक, सामाजिक घटनाओं से लेकर आध्यात्मिक गहराइयों तक, यह पुस्तक एक संपूर्ण काव्य यात्रा है।

इस काव्यसंग्रह को लिखते समय, मैंने हर उस भावना को पकड़ने का प्रयास किया है जो हमें जीवन से जोड़ती है और हमें अपने भीतर की शक्ति का एहसास कराती है।

इस संग्रह की हर कविता एक दर्पण है, जिसमें आप जीवन के विभिन्न आयामों की अनगिनत झलकियाँ देख सकते हैं। मुझे उम्मीद है कि मेरी ये कविताएँ आपको भी आपके भीतर के संसार से जोड़ने में सफल होंगी।

इस संग्रह को साकार करने के लिए मैं उन सभी का आभारी हूँ, जिन्होंने मुझे प्रेरित किया और मेरा साथ दिया। सबसे पहले, मैं अपने परिवार का धन्यवाद करता हूँ, जिन्होंने मुझे समय, समर्थन, और स्नेह प्रदान किया। मेरे मित्रों का भी जिन्होंने मुझे प्रेरणा दी और मेरे विचारों को गहराई से समझा।

मैं आभार प्रकट करता हूँ अपने मित्र वरिष्ठ लघुकथाकार डॉ राधेश्याम भारतीय जी व कवयित्री रोज़लीन जी का जिन्होंने इस काव्य-संग्रह की भूमिका लिख मुझे अनुग्रहित किया है। मेरे पाठक, जो हर कदम पर मेरे साथ रहे, उनकी सराहना करता हूँ। विशेष आभार मेरे सहयोगी विक्रांत तावसकर का व उन सभी कवियों और साहित्यकारों का, जिनके विचारों ने मुझे नई दिशा दी और अंत में, इस पुस्तक को प्रकाशित करने वाली टीम का, जिन्होंने इसे पाठकों तक पहुंचाने में अपना महत्वपूर्ण योगदान दिया।

आपका अपना
डॉ. मुकेश अग्रवाल
घरौंडा (करनाल)

प्रेम

तुझे बनाऊँ मैं

सारे जहाँ की ख़ुशियाँ तोड़ लाऊँ मैं
मिला कर इन सबको तुझे बनाऊँ मैं ।

उगते सूरज से थोड़ा प्रकाश चुराऊँ मैं
तेरे जीवन में नया उजियारा लाऊँ मैं ।

फूलों की ख़ुशबू से तेरी हँसी बनाऊँ मैं
महके जग ये सारा संग में मुस्काऊँ मैं ।

गंगा की निर्मल धारा आँगन ले आऊँ मैं
उसके पावन नीर से तेरी प्यास बुझाऊँ मैं ।

सागर की गहराई से मोती चुन लाऊँ मैं
माला बना के उनकी तुझको पहनाऊँ मैं ।

पवन के पंखो का एक झूला बनाऊँ मैं
बिठा के तुझ को उसमें ख़ूब झुलाऊँ मैं ।

चाँद से उसकी चाँदनी उधार ले आऊँ मैं
तेरे आने के रास्ते को ख़ूब सजाऊँ मैं ।

कोयल की बोली जैसी लॉरी सुनाऊँ मैं
तुझे सुला के फिर तेरे सपनो में आऊँ मैं ।

सावन की घटाओं को आवाज़ लगाऊँ मैं
वो श्रृंगार करे तुम्हारी लट सुलझाऊँ मैं ।

तारों की छांव में फिर तुझ को बिठलाऊँ मैं
प्रकृति तुम्हें दुल्हन बनायें दूल्हा बन जाऊँ मैं ।

हिमालय से ऊँचाई ले तेरी मूरत बनाऊँ मैं
हरदम निहारूँ उसको ख़ुद मूरत हो जाऊँ मैं ।

तेरी इस मनोहर छवि को मन में बसाऊँ मैं
तुम संग-संग रहो सदा अपने पर इतराऊँ मैं ।

आज फिर तेरी गली से

ख़्वाब कुछ अधूरे से
मन मे भर कर लाया हूँ
आज फिर तेरी गली से
गुजर कर मैं आया हूँ

हकीकत बन ना सकी
कहानी संग में लाया हूँ
आज फिर तेरी गली से
गुजर कर मैं आया हूँ

सब मंजर वो पुराने आज
चूम कर मैं आया हूँ
आज फिर तेरी गली से
गुजर कर मैं आया हूँ

मुद्दतों के बाद आज मैं
मन कहीं धर आया हूँ
आज फिर तेरी गली से
गुजर कर मैं आया हूँ

आज असल दौलत को
सहेज कर मैं लाया हूँ
आज फिर तेरी गली से
गुजर कर मैं आया हूँ ।

अब के कुछ ऐसी होली

हर लड़की बने राधा
हर लड़का कान्हा बन जाए
आओ कुछ इस तरह
अब की बार होली मनाएं

हर तन बने वृंदावन
हर मन बरसाना बन जाए
आओ कुछ इस तरह
अब की बार होली मनाएं

रंग भेद का जो शिकार
उनको अपने रंग में मिलाए
आओ कुछ इस तरह
अब की बार होली मनाएं

जात पात में जो उलझे
उनके मन का भेद मिटाएं
आओ कुछ इस तरह
अब की बार होली मनाएं

प्रेम के रंग में रंगे सभी को
दुश्मन को भी गले लगाएं
आओ कुछ इस तरह
अब की बार होली मनाएं

चंदन सा हो मन हमारा
और चरित्र से खुशबू आए
आओ कुछ इस तरह
अब की बार होली मनाएं ।

प्रेम दिवस

आओ प्रेम करें हम सबसे

सबको प्रेम से गले लगाएं

प्रेम जगत में सब से सुंदर

हर दिन प्रेम दिवस बनाएं

सतरंगो से सजी है दुनियां

आँख उठा जी भर देखो

प्रेम बरसे हर एक दिल में

जीवन इन्द्रधनुषी बनाएं

सूरज चंदा फूल पौधे सब

खिलते औरों की खातिर

निःस्वार्थ प्रेम करें हम भी

खुद को इन जैसा बनाएं

दुश्मन केवल प्रेम से हारे

ईश्वर सिर्फ प्रेम से जीते

प्रेम दवा जब हर रोग की

चलो प्रेम हथियार बनाएं ।

तिलस्म

तुम्हारे ये खिलते होंठ
मुझपर जादू कर देते हैं
मैं इस निश्चल मुस्कान को
आगोश में भरना चाहता हूं

तुम्हारी ये नशीली आंखे
मुझपर नशा कर देती हैं
मैं खुदको एक अजीब
सम्मोहन में कैद पाता हूँ

तुम्हारी ये मीठी बातें
मेरे दिल को भेद जाती हैं
मैं अपने को अनजान
तूफानों में घिरा पाता हूँ

तुम्हारी सब अदाएं मिल
मुझे दीवाना बना देती हैं
मैं खुदको अहसासों के
समुन्द्र के बीच पाता हूँ

जाने कैसा तिलस्म है ये
जो तुम्हारी ओर खींचता है
मैं भी खिंचा जाता हूँ
बिना कोई परवाह किए ।

सोने पे सुहागा

होंठ दबा कर हंसती हो
प्राण निकल मेरे जाते हैं
तेरी हर अदा के आगे
ये चाँद तारे शर्माते हैं

तिरछी नजर का जादू
मुझको बहुत तड़पाता है
रह रह कर तेरा सताना
हर वक्त याद आता है

गेसू तेरे ये बादल जैसे
मुझ को बहुत लुभाते हैं
गिरते जब मेरे चेहरे पर
मदहोश मुझे कर जाते हैं

तेरी मीठी बातों का रस
मुझे पागल बनाता है
काजल तेरी आँखों का
अजब सरूर चढ़ाता है

नाज-नखरे हाव-भाव
सब बड़ा ही गुदगुदाते हैं
दिन मे चैन ना लेने देते
रात सपनो में आते हैं

बदन छरहरा रूप सुनहरा
जब बाहों में आता है
यूँ लगता है सारा जहाँ
आगोश में मेरे समाता है

एक तो बला की सुंदर
ऊपर से सोलह श्रृंगार
सोने पे सुहागा कहावत
को चरितार्थ कर जाता है ।

तेरे आने से मेरा

ईश्वर कृपा से तुम

मेरे जीवन में आई हो

झुलसी गर्मी में तुम

बदली बन के छाई हो

देख कर रूप तुम्हारा

बेकाबू हो जाता मन

श्याम की राधा सी

लेती जब अंगड़ाई हो

हरदम मेरे ही भले को

सोचती हो तुम

सीख तुम्हारी है जैसे

डॉक्टर की दवाई हो

तेरा साथ पा कर मैं
जावां वारी अपने पर
लोगो को बंगला गाड़ी
मेरी तुम कमाई हो

तेरे आने से मेरा
जीवन सुनहरा हो गया
रहना हमेशा संग में
जैसे मेरी परछाई हो ।

तुम से जो परिणय हुआ

ख़ुशक़िस्मत हूँ बहुत
तुम से जो परिणय हुआ
पत्नीरूप में पाकर तुम्हे
जीवन मेरा धन्य हुआ

बनते हैं तभी बंधन
जब कृपा ईश्वर की होती
अच्छे कर्मों का फल है
तुम से जो मिलन हुआ

अच्छी सूरत अच्छी सीरत
की तुम हो स्वामिनी
तुम्हारे आ जाने से जीवन
ये मेरा मधुबन हुआ

जीवन में अधूरापन था
कहीं कुछ कमी सी थी
तुम्हारे आगमन से जीवन
मेरा ये परिपूर्ण हुआ

सुख दुःख तो जीवन में
हमेशा ही आते रहते
आभार संग चलने में
तुम सा जीवनसाथी हुआ

बीस साल का समय लंबा
जाने कैसे बीत गया
तेरे आने से हे प्रिये
जीवन ये मेरा सुगम हुआ ।

करो प्रेम

करो प्रेम बिना बात
क्यों कि प्रेम में
कोई बात नही होती

करो प्रेम बिना शर्त
क्यों कि प्रेम में
कोई शर्त नही होती

करो प्रेम दिल से
क्यों कि प्रेम में
कोई दलील नही होती

करो प्रेम रूह से
क्यों कि प्रेम में
कोई चीज नही होती

करो प्रेम हर एक से
क्यों कि प्रेम में
कोई जात नही होती ।

प्रेरणा

जीवन लक्ष्य

स्थिर कर बुद्धि को अपनी
यदि एक लक्ष्य बनाओगे
निश्चित ही कभी ना कभी
तुम भी इतिहास बनाओगे

उद्देश्य बनाने से पहले तुम
बस एक बात समझ लेना
भला हो कुछ दुनिया का
वही जीवन ध्येय बनाओगे

जी तोड़ मेहनत लगन से
बस सदा तुम लगे रहना
ना घबराना प्रतिकूलता से
मंजिल अवश्य ही पाओगे

पहले तुम्हारा विरोध करेंगे
फिर लोग रहेंगे उदासीन
नही हटोगे पथ से जो तुम
एक दिन स्वीकारे जाओगे

कुछ भी महान बनाने में
समय ऊर्जा ध्यान लगता
लगे रहो समर्पण भाव से
तुम महानता उपजाओगे ।

हनुमान

दूर क्षितिज पे आंख लगाए
एक मतवाला खड़ा हुआ है
बिन खाए बिन पिए सोए
किसी बाट में पड़ा हुआ है

उसे उम्मीद है तेरे हाथों ही
बहुत बड़ा कुछ होने वाला
यही नज़ारा देखन को वो
ऊंची मचान चढ़ा हुआ है

किसी चाहने वाले को यूँ
इतना तरसाना ठीक नही
लगता है दीवानापन जैसे
उसका बहुत बढ़ा हुआ है

तुझे भी करना वो है पूरा
जो भी जीवन मे ठाना तूने
याद दिलाने तुझको वो
जामवंत सा जड़ा हुआ है

बेताब करने को आलिंगन
चूमना चाहता है तुझको
विजय पताका है बनवाई
स्वर्ण जिस पर मढ़ा हुआ है

याद कर वो ताकत अपनी
जिसे अरसे से भूला बैठा
लांघ अब हर एक सागर
हनुमान भीतर पड़ा हुआ है ।

तुम कर सकते हो

हम जिए जाते हैं
बिना परवाह किए
समय बीतता जाता है
सब पीछे छोड़ते हुए

एक दिन आता है
जब हम पछताते हैं
ये सोच कर कि
यह हो सकता था

नहीं नहीं तुम
गलत समझ रहे हो
कुछ नही बिगड़ा
अब भी हो सकता है

याद रखना
जो हम बन सकते हैं
वो बनने में
कभी देर नही होती

खोजो भविष्यदृष्टि
अनुशासन और जोश
सुनो अंतरात्मा को
पाओ अपनी आवाज

बनाओ दुनियां बेहतर
करो फर्क पैदा
क्योंकि तुम
कर सकते हो।

जो जीवन में चाहते वो

पंख लगा दो बच्चों को
उनको तुम उड़ जाने दो
अपनी मनवाना बंद करो
उनके मन की आने दो

तुमने जिया जीवन को
अपने ही तरीके से यहां
उन को भी तुम जीने दो
अपनी उन्हें कर जाने दो

अपनी थोपना उन पर
सबसे बड़ा अन्याय होगा
कुछ नया कुछ गहरा सा
भीतर से बाहर आने दो

उन्हें निहारो उन्हें जानो
किस चीज में वो अच्छे
जो उनके मन मुताबिक
उसी में भविष्य बनाने दो

जो जीवन में चाहते वो
सहयोग करो उपजाने में
प्रेम की धूप देकर उन्हें
अच्छे से खिल जाने दो ।

ऐसे ना मान लेना तुम

कभी भी किसी बात को

ऐसे ना मान लेना तुम

बिना सत्य को खुद जाने

ऐसे ना मान लेना तुम

असल को पहचानने का

हुनर तुम्हारे पास सदा

बिना अनुभव में उपजाए

ऐसे ना मान लेना तुम

जीवन मे कदम कदम पर

ऐसे अवसर आएंगे

आंखों को धोखा देकर

वो सदा तुम्हे लुभाएंगे

काम लेना बुद्धि से तब

युक्ति का लेना सहारा

मत बनना अंधविश्वासी

ऐसे ना मान लेना तुम

एक वैज्ञानिक की भांति

तर्क हथियार बनाना

जब तक उत्तर ना मिले

नेति नेति करते जाना

तुम्हारी निश्चल बुद्धि से

पानी दूध अलग होगा

बिना ठोक बजा के देखे

ऐसे ना मान लेना तुम

एक योगी की भांति

अपने भीतर उतर जाना

स्वयं की गहराइयों की

तुम सारी थाह पाना

ढूंढना उस तत्त्व को

जिसे कहते आत्मा सब

बिना सार्थक के खोजे

ऐसे ना मान लेना तुम

योग और विज्ञान के

माना तरीके जुदा-जुदा

कुछ यहां योग पर है

कुछ है विज्ञान पर फिदा

रास्ता चाहे बाहर का हो

चाहे चुनना भीतर का

बिना खुद अनुसंधान के

ऐसे ना मान लेना तुम ।

प्रश्नचिन्ह लगने ना पाए

अफसोस ना करे पीछा
जीवन मे ऐसे काम करो
जब तक इच्छाएं अधूरी
तब तक ना आराम करो

क्यों पछतावा रह जाए
क्यों कामनाएं रहे बाकी
लिखो सारी कागज पर
हरेक का अंजाम करो

उम्र बीत गई अब सारी
सार्थक कुछ किया नही
ऐसे सारे प्रश्नों के तुम
रास्ते बंद तमाम करो

प्रश्नचिन्ह लगने ना पाए
कभी तुम्हारे इरादों पर
मन वचन कर्म से सदा
बुरे से बस विराम करो ।

चेतना जब सारी

कामयाबी का दर खटखटाना पड़ेगा
पूरे मनोयोग से तुझे वहां जाना पड़ेगा

सस्ते में किसी को मिलती नही मंजिल
दिल और दिमाग लय में लाना पड़ेगा

बार बार कोशिश से मिलेगी सफलता
गिर जाने का भी खतरा उठाना पड़ेगा

किस्मत अपनी प्यारे लिखेगा खुद ही
लकीरों से ध्यान अपना हटाना पड़ेगा

चेतना जब सारी तेरी एक ओर होगी
लक्ष्य को हर हाल गले लगाना पड़ेगा ।

श्रद्धा रखो उन पर

जल्दी से इस जीवन में
कुछ नही मिलता भाई
लगातर जो रहा चलता
उसने सदा मंजिल पाई

गिरकर उठना चलना
ये सफलता का मूलमंत्र
जिसने धारा जीवन में
उसने सदा मंजिल पाई

कामयाब होने से पहले
मुझे कभी रुकना नही
ये सोच जो बढ़ता जाए
उसने सदा मंजिल पाई

एक ही लक्ष्य पर नजर
कहीं कोई विचलन नही
वज्र इरादा बुलंद होंसले
उसने सदा मंजिल पाई

जो पहुंचे हैं पूछो उनसे
उनको अपना गुरु मानो
निष्ठा श्रद्धा रखो उन पर
जिसने निज मंजिल पाई ।

नेकी कर कुएं में डाल

अफसोस ना करे पीछा

जीवन मे ऐसे काम करो

जब तक इच्छाएं अधूरी

तब तक ना आराम करो

क्यों पछतावा रह जाए

क्यों कामनाएं रहे बाकी

लिखो सारी कागज पर

हरेक का अंजाम करो

उम्र बीत गई अब सारी

सार्थक कुछ किया नही

ऐसे सारे प्रश्नों के तुम

रास्ते बंद तमाम करो

प्रश्नचिन्ह लगने ना पाए
कभी तुम्हारे इरादों पर
मन वचन कर्म से सदा
बुरे से बस विराम करो

नेकी कर कुएं में डाल
और आगे को बढ़ता जा
जब तक शरीर में प्राण
तब तक ना विश्राम करो ।

अध्यात्म

उपनिषद

ब्रह्म जीव और जगत का ज्ञान
जहां मिले उसे उपनिषद जान

उपनिषद वेदों में छिपा दर्शन
आत्मा परमात्मा का आकर्षण

उपनिषद शास्त्रों के अग्निहोत्र
सांख्य वेदान्त बौद्ध जैन स्रोत्र

भारत की ये है अमूल्य धरोहर
आध्यात्मिक चिंतन के सरोवर

दाराशिकोह ने अनुवाद कराया
शापेनहोवर ने विश्व में फैलाया

प्रस्थानत्रयी इन तीनो से बनते
गीता ब्रह्मसूत्र उपनिषद मिलते

मन में ब्रह्मविद्या की जिज्ञासा
तब उपनिषद ही केवल आशा

उपनिषद ही स्वयं से मिलवाए
आत्म का ये ही दर्शन करवाए ।

यत पिंडे तत ब्रह्माण्डे

जिससे मिल कर देह बनी
वही जगत का कारक भी
कोई भिन्नता नही दोनों में
वो मारक भी उद्धारक भी

प्रकृति पुरुष मिल बनाते
शरीर भी और संसार भी
एक सिक्के के दो पहलू
यही माया का विस्तार भी

एक नूर से सब जग उपजा
ये कह गए गुरु नानक भी
सारे धर्म शास्त्र समझाते
यही सारे उपकारक भी

विज्ञान की बिग बैंग थ्योरी

अनुसार बना यूनिवर्स भी

एकोहम बहुस्याम ने किया

ठीक ऐसा एक उत्कर्ष भी

वेद वेदांत का सार यही है

हर समस्या का निवारण भी

हर पिंड भी उससे बना है

वो ही ब्रह्मांड का कारण भी ।

तत्त्वमसि

श्वेतकेतु पितृ आज्ञा से
पहुंचा निजगुरु के पास

विद्या उपरान्त आया तो
था उसमें अहं का वास

मैं सर्वविज्ञ सर्वोत्तम हूँ
ना मुझसा कोई विद्वान

मैं धरा पर सबसे ज्ञानी
है शास्त्रों का पूर्ण ज्ञान

बिना प्रणाम किए फिर
बैठ गया पिता के पास

जान गए आरुणि देख
हुए तब वो बड़े निराश

बिना क्रोध किए बोले
विद्या विनय ले आती

ज्ञान का अहंकार अगर
विद्या बेकार हो जाती

बता किस बात का पता
क्या तुझे हुआ है ज्ञान

मेरे प्रश्न का उत्तर दे गर
तो मानू तुझ को विद्वान

किस एक के जानने से
पता सब ही लग जाता

किस एक के विचार से
खुद ध्यान सब आता

गल गया गर्व सुन कर
पिता के मुख से ये बात

क्या रह गया अविदित
नही मुझ को ये है ज्ञात

नही जानता ऐसी वस्तु
जो जानने से सब ज्ञान

अभिमान मेरा मिथ्या
तभी रह गया अनजान

विनम्र हो गिरा चरणों में
हाथ जोड़े वो बारम्बार

पिताश्री करो अनुकम्पा
और करो अब उपकार

जैसे मिट्टी के जानने से
हो जाता घड़े का ज्ञान

ऐसे ही स्वर्ण जानने से
होए आभूषण का ज्ञान

ज्यूँ लोहे को जानने से
खड़ग व परसे का ज्ञान

कारण ही केवल सत्य
कार्य को भ्रम तू मान

श्वेतकेतु बोला है पिता
कृपा मुझ पर कीजिए

जिस से जान सकूँ सब
ज्ञान वही मुझे दीजिए

सावधान श्वेतकेतु अब
वो रहस्य बताऊँ आज

ब्रह्मांड की उत्पत्ति का
तेरे सामने खोलूँ राज

एक ही अद्वितीय सत
बस पहले था विधमान

एक से अनेक हो जाऊं
ब्रह्म ने किया था ध्यान

पहले उत्पन्न हुआ तेज
फिर जल की बारी आई

अंत मे अन्न की उत्पत्ति
मिल अन्य वस्तुएं बनाई

प्रकाश में तेज प्रधान
द्रव्य में जल का संधान

जहाँ दिखती कठोरता
वहाँ पृथ्वी ही उपादान

अन्न से मन की उत्पत्ति
प्राण जल से है जन्मा

वाणी बनी तेज से फिर
जिनसे मिल जग जन्मा

मन प्राण व वाक उत्पन्न
सब हुए एक सत से है

मूल रूप से सब एक है
उपजते सब आत्म से है

ज्यूँ सर्प में रज्जू कल्पित
तयूं जग सत में कल्पित

वो सत वस्तु केवल तू है
बाकी माया करे भ्रमित

जीव सत से निकलता
सत में हो जाता लीन

फिर उस मे से निकल
दोबारा से होता विलीन

ये चक्र चलता ही रहता
हरदम हमेशा बारम्बार

तू खुद को सत्य जान
यही तत्त्वमसि का सार

ज्यूँ एक छोटा सा बीज
वटवृक्ष का बने आधार

वैसे ही सूक्ष्म सत केवल
स्थूल जगत का व्यवहार ।

समाधि की सुगंध

छूटेगी बाहर की गलियां
भीतर लौ लग जाएगी
घटेगी जीवन मे क्रांति
दुनिया नई नजर आएगी

जिज्ञासा सत्य पाने की
रहेगी जीवन मे केवल
खुदही सधेंगे यम नियम
दृष्टि अंदर को जाएगी

अपने से लगेगा आसन
प्राणायाम हो जाएगा
प्रत्याहरी बनेगा मन
धारणा जीवन मे आएगी

नही भटकेगा ध्यान
लेजर जैसा फोकस होगा
करतुरी मृग को तब
समाधी की सुगंध आएगी

भक्ति कर्म ज्ञान राज
सब योग तुझमे समाएंगे
कृष्ण गोरख पतंजलि बुद्ध
जैसी राह हो जाएगी ।

सब तुम पर ही निर्भर है

शब्दों से करोगे घायल

या महरम उन्हें बनाओगे

सब तुम पर ही निर्भर है

आँखों से उगलोगे शूल

या फिर प्रेम बरसाओगे

सब तुम पर ही निर्भर है

कानों से सुनोगे बुराई

या संगीत उन्हें सुनाओगे

सब तुम पर ही निर्भर है

मन में रहेगा सदा द्वेष

या करुणा उपजाओगे

सब तुम पर ही निर्भर है

हमेशा रहेगा अहं हावी

या तुम बुद्ध हो जाओगे

सब तुम पर ही निर्भर है।

अंदर से नही ढहना है

झूठ को चमकाना पड़े
सच चमकता गहना है
असली सोना सोना है
खोटे को खोटा रहना है

दोहरा चरित्र और चेहरा
क्यो रखता इंसान यंहा
जब पता सब कुछ
एक ना एक दिन बहना है

दोगलापन हमेशा डाले
जीवन को कठिनाई में
सब पता होते हुए भी
कष्ट इतना क्यो सहना है

ज्यादा वक्त तक यहां

चालाकी नही छिपा करती

खोल दो भेद सारे

कभी ना कभी सब कहना है

आओ आज मानें हम

जो भी हमने की गलती

बाहर से तो टूट चुके

अब अंदर से नही ढहना है ।

अंत मे बचा वही

मिट कर पाया मैंने
मैं कहीं था ही नही
जो था मेरा भ्रम था
मैं कहीं था ही नही

देर हुई पर बेशक
मन मेरा ये जान गया
सत्ता उसके पार है
वो कहीं था ही नही

द्वंद्व सारे हुए ख़त्म
नजर सब आने लगा
दृष्टि हुई निर्मल
धुंधला कहीं था ही नही

ज्यूँ ज्यूँ आगे बढ़ा
मंजिल नजर आने लगी

रास्ता ओझल हुआ
जैसे कहीं था ही नही

बुद्धि गई, अकड़ गई

अहम मेरा चला गया

अंत मे बचा वही
पहले कहीं था ही नही ।

जिंदगी है कि

आनंद ही आनंद ये

बेहिसाब दिए जाती है

जिंदगी है कि

सब बेशुमार दिए जाती है

मैंने इसकी खातिर

बदल डाला है खुदको

ये भी अपने पे सब

इल्जाम लिए जाती है

बेहतर इसे बनाने को

पूछता हूँ प्रश्न खूब

हरेक का जवाब

बिन किताब दिए जाती है

कोशिश रही मेरी कि

लेने से मैं दूं ज्यादा

ये भी कुछ ऐसा ही

हिसाब किए जाती है

जिंदगी कुछ और नही

तेरा खुदका आईना

तुझसा ही ये तुझपे

उपकार किए जाती है।

बदलाव बनाम जीवन

दूध जब फटता है
तो पनीर बन जाता है

अंगूर में खमीर उठता है
तो शराब बन जाता है

और हम सब जानते है
पनीर और शराब सदा

अपने मूल से कीमती होते है
जरूरी नही बदलाव

हमेशा नुकसान कराते हैं
ये नए रास्ते भी बनाते हैं

कोलंबस के भटकाव ने
अमेरिका की खोज कर दी
फ्लेमिंग के भटकाव ने
दुनियां को पेन्सिलिन दे दी

बदलाव अनुभव से आते हैं
जीवन को समृद्ध बनाते हैं

वाल्मीकि में बदलाव से
रामायण साकार होती है

तुलसी जब बदलते हैं
तो मानस आकार लेती है

बदलाव नए विचार लाते हैं
बेहतरीन संसार बनाते हैं

हमेशा इनको स्वीकार करो
बाहें फैला अंगीकार करो।

हर एक का अपना सत्य

चलो आज थोड़ा समय

अपने से इतर बिताते हैं

समझते हैं यहां लोगों को

कुछ जान पहचान बढ़ाते हैं

अपना शरीर अपना मन

अपनी बुद्धि संग ही जिए

अपनी इच्छाओं की आज

थोड़ी सी बलि चढ़ाते हैं

ध्यान से जब देखा हम ने

यहां अपने सा सबको पाया

राग द्वेष काम क्रोध लोभ

अपना विस्तार दिखाते हैं

हर कोई घिरा मोह माया से

लगाए रट अपनी अपनों की

कोई नही सुनता किसी की

सब अपनी ढपली बजाते हैं

हर एक का अपना सत्य

हर एक का अपना राम

इतने नज़रिए मिल कर ही

दुनिया को रंगीन बनाते हैं

कुछ

कुछ सपनो में खोए हैं
कुछ हकीकत में विहार रहे

कुछ लंबी तान के सोए हैं
कुछ उगता सूरज निहार रहे

कुछ आए हैं इस धरा पर
खाने पीने और सोने को

कुछ कर्मयोगी बन कर
हाथों से धरा संवार रहे

कुछ ऋण ले कर घी पिए
मौज में कोई कमी ना हो

अगला जन्म भी संवर जाए
कुछ यूं जीवन गुजार रहे

कुछ यहाँ भाग्य के भरोसे
हाथ पे हाथ धरे बैठे हैं
कुछ हथौड़ा छैनी उठा कर
खुद को खुद से उभार रहे

दुनिया जाए भाड़ में बेशक
कुछ को कोई मतलब नही
वसुदैवकुटुम्बकं का सपना
कुछ आज भी विचार रहे ।

स्थितप्रज्ञ

विजेता होने का अहंकार
हारने पर निराशा लाता है
कर्तापन का अभिमान
व्यक्ति को भोक्ता बनाता है

गर्दन जिस की ठनी रहती
रहता जिसमे दंभ सदा
पराजय उसे गर मिल जाए
बैचैन बहुत वो हो जाता है

जीत में ज्यादा खुश होना
और हार में मुर्दा हो जाना
ऐसा व्यक्ति अपने जीवन में
हमेशा ही दुखी रहता है

तैयार करो खुदको तुम ऐसे
हार जीत हो एक समान
दिन और रात के जैसे ही
एक जाता है एक आता है

सुख दुख हानि लाभ के जैसे
द्वन्दों से मिल जीवन बनता
वैभव या पराभव जो मिले
स्थितप्रज्ञ आनंदित रहता है।

एक बात - अनेक अर्थ

क्यों एक ही बात का मतलब

अलग अलग लगाते हैं लोग

कहने वाला कुछ कहना चाहे

कुछ और समझ जाते हैं लोग

कौन सा विज्ञान छिपा पीछे

और क्या है तर्क काम करता

क्यों अपने ही मन मुताबिक

अर्थ का अनर्थ बनाते हैं लोग

हर एक की समझ है अपनी

और सोचने का ढंग भी जुदा

अपनी ढपली अपना ही राग

क्यों हर वक्त बजाते हैं लोग

गुणसूत्र और परवरिश दोनों

क्या इसके पीछे छिपे कारण

क्या इन पर ही निर्भर करता

कैसा जीवन बिताते हैं लोग

ज्यूँ हाथ की पांचो उंगलियां

होती नही कभी भी बराबर

अलग रुचियां अलग इच्छाएं

अलग भाव पनपाते हैं लोग ।

साइक्लिंग

क्या बात साइकिलिंग की

क्या बात साइकिलिंग की
कैसे तुम्हे बताऊँ मैं
कोशिश करता हूँ थोड़ी सी
मन की खुशी दिखाऊँ मैं

साईकल चलाने के लिए
जल्दी मैं उठ जाता हूँ
उस पल के अहसास को
कैसे सामने लाऊं मैं

कोशिश करता हूँ थोड़ी सी
मन की खुशी दिखाऊँ मैं
जब चलता घर से निकल
दोस्तों संग मुस्काऊँ मैं

उनके मिलने की खुशी को
कैसे आज छिपाऊं मैं
कोशिश करता हूँ थोड़ी सी
मन की खुशी दिखाऊँ मैं

जब साईकल इकट्ठी चलती
बहुत सुंदर मंजर होता है
उस अद्भुत दृश्य को
तुम तक कैसे पहुँचाऊ मैं

कोशिश करता हूँ थोड़ी सी
मन की खुशी दिखाऊँ मैं
एक तरफ चाँद छिपता
निकलते सूरज को देखे जाऊं मैं

दोनों लुका छिपी खेलते
देख उनको मुस्काउं मैं
कोशिश करता हूँ थोड़ी सी
मन की खुशी दिखाऊँ मैं

कहीं सरसो खिली हुई है
कहीं गन्ने लहरा रहे
कहीं गेंहू की खेती को
गौर से देखे जाऊं मैं

कोशिश करता हूँ थोड़ी सी
मन की खुशी दिखाऊँ मैं
मंद-मंद हवा के झोंके
उनके प्रेम गीत सुनते जाऊं मैं

टकराते जब वो चेहरे से
संग में गुनगुनाऊँ मैं
कोशिश करता हूँ थोड़ी सी
मन की खुशी दिखाऊँ मैं

कतार बना कर पंछी भी
अपने अपने काम पे जाते
देख उनकी लयबद्धता
थोड़ा सा जल जाऊं मैं

कोशिश करता हूँ थोड़ी सी
मन की खुशी दिखाऊँ मैं
कौन सा आनंद नही है
प्रकृति की इस गौद में

विधाता की कारीगरी पर
विस्मित सा हो जाऊं मैं
कोशिश करता हूँ थोड़ी सी
मन की खुशी दिखाऊँ मैं

अपनी साईकल ले कर
संग में मेरे आ जाओ
सुबह का सुंदर नजारा
अब रोज तुम्हे दिखाऊँ मैं ।

ठा ले साईकल

गुदड़ी के लाल बात सुन मेरी
गुदड़ी ठावन का टेम आगया
छोड़ आलस ठा ले साईकल
सेहत बनावन का टेम आगया

अलसाया सा सूरज उठ कै
जब तेरी आरती तारे गा
उस वक्त तनै लागेगा, राग
भैरवी गावन का टेम आगया

छोड़ आलस ठा ले साईकल
सेहत बनावन का टेम आगया
ताजी हवा, उषा की रोशनी
जब तेरे चेहरे तै टकरावे गी

यूँ लागेगा दिल की धड़कन के
नाचन नचावन का टेम आगया
छोड़ आलस ठा ले साईकल
सेहत बनावन का टेम आगया

खेतो की हरियाली के संग
जब तेरी साईकल चालेगी
रोम-रोम तेरा खुद कहवे गा
खिलखिलावन का टेम आगया

छोड़ आलस ठा ले साईकल
सेहत बनावन का टेम आगया
ओस की चादर ओढ़े धरती
तनै घनी कसूती लाग गी

फेर ना कहियो बताया कोनी
इब जावन का टेम आगया
छोड़ आलस ठा ले साईकल
सेहत बनावन का टेम आगया

एक बार की मुश्किल सै यो
फेर बड़ा मजा तनै आवेगा
आँख खुलेगी उस घड़ी तेरी
जिब पछतावन का टेम आगया

छोड़ आलस ठा ले साईकल
सेहत बनावन का टेम आगया
गुदड़ी के लाल बात सुन मेरी
गुदड़ी ठावन का टेम आगया

छोड़ आलस ठा ले साईकल
सेहत बनावन का टेम आगया ।

आओ साइकिल चलाएं

आओ साइकिल को अब
स्वास्थ्य का   मंत्र बनाएं
फिट रहने का है ये फंडा
आओ साइकिल चलाएं

शुगर करे काबू में अपनी
मोटापे को दूर भगाएं
फिट रहने का है ये फंडा
आओ साइकिल चलाएं

इम्युनिटी भी बने अच्छी
दिल को मजबूत बनाएं
फिट रहने का है ये फंडा
आओ साइकिल चलाएं

शरीर भी आकर्षक दिखे
उम्र भी ये   बढ़ाए
फिट रहने का है ये फंडा
आओ साइकिल चलाएं

पर्यावरण की ये है मित्र
प्रदूषण से निजात दिलाए
फिट रहने का है ये फंडा
आओ साइकिल चलाएं

ईंधन की भी हो बचत
पैसों को भी बचाए
फिट रहने का है ये फंडा
आओ साइकिल चलाएं

आओ साइकिल को अब
स्वास्थ्य का मंत्र बनाएं
फिट रहने का है ये फंडा
आओ साइकिल चलाएं।

सुबह की बात

दोस्तों संग साईकल चलाना
सुबह-सबह की बात ही क्या

खेतो में जा कर गन्ने खाना
सुबह सबह की बात ही क्या

चलते ट्यूबवेल पर नहाना
सुबह सबह की बात ही क्या

कहीं व्यायाम ध्यान लगाना
सुबह सबह की बात ही क्या

पंछियो को उड़ते देखे जाना
सुबह सबह की बात ही क्या

कोयल बोली कानो को भाना
सुबह सबह की बात ही क्या

ठंडी हवा चेहरे से टकराना
सुबह सबह की बात ही क्या

पेडों का संग में चलते जाना
सुबह सबह की बात ही क्या

चहुँओर फसलों का लहराना
सुबह सबह की बात ही क्या

सोंधी खुशबू मिट्टी से आना
सुबह सबह की बात ही क्या

उगते सूरज पर आंख लगाना
सुबह सबह की बात ही क्या

बीच मे रूक फ़ोटो खिंचवाना
सुबह सबह की बात ही क्या

राम राम कह सब को बुलाना
सुबह सबह की बात ही क्या ।

पर्यावरण बचाओ साईकल यात्रा

घरौंडा से शुरू हो यात्रा
ब्रह्मसरोवर तक जाएगी
छोटी सी मुहिम है पर
सार्थक संदेश पहुंचाएगी

साईकल पर जब सभी
मिल कर साथ निकलेंगे
'पर्यावरण बचाओ' आवाज
दूर दूर तक जाएगी

ईंधन बचेगा साईकल से
स्वास्थ्य भी होगा अच्छा
प्रेम व सद्भाव बढ़ेगा
परिवेश को सुंदर बनाएगी

आओ इस कोशिश में तुम
भी शामिल हो जाओ
बन जाएगा बड़ा कारवां
प्रकृति भी गुनगुनाएगी ।

अर्जुन साईकल क्लब

हररोज साईकल उठा कर
सुबह निकल हम जाते हैं
इस डगर कभी उस डगर
पहिए को हम घुमाते हैं ।

गांव गांव से होते होते
सवारी हमारी चलती है
हवा के संग पींग बढ़ाते
बड़ी हम धूम मचाते हैं ।

छोड़ा नही कोई भी रास्ता
हमने अपने शहर का
हर एक गली में घूमते
हम अपनी राह बनाते हैं ।

जो भी रास्ते मे मिलता
राम-राम करते सबको
उनकी मधुर मुस्कान से
अपने को धन्य पाते हैं ।

नारे लगाते चलते हैं हम
भारत माँ खुश हो जाती है
जय अर्जुन साईकल क्लब
हम मिल कर दोहराते हैं ।

समसामयिक

सारी खुशियां बटोर लाया है

संसार की सारी खुशियां बटोर लाया है
आज हमारा इष्ट अपने धाम आया है
बड़े भाग्यशाली हम इस घड़ी को देखेंगे
बरसों से देखी राह वो पल पास आया है

प्रतीक्षा हुई पूरी करोड़ो प्यासी आंखों की
मां शबरी जैसी अनेको-अनेको सांसो की
यूं लग रहा दिवाली का त्योहार आया है
बरसों से देखी राह वो पल पास आया है

22 जनवरी को राम गर्भगृह में विराजे हैं
चारो ओर मृदंग मुरली ढोल नगाड़े बाजे हैं
हर एक रामभक्त पर गहरा नशा छाया है
बरसों से देखी राह वो पल पास आया है

राम हर एक दिशा में राम कण कण में है
राम भारत की चेतना में राम हर मन में है
हर भारतवासी ने अपना घर सजाया है
बरसों से देखी राह वो पल पास आया है

मर्यादा में है पुरुषोत्तम महर्षि वाल्मीकि के राम
आदर्श के उच्च मानक तुलसी के भगवान
सदाचारी मुस्कान ने सभी को लुभाया है
बरसों से देखी राह वो पल पास आया है

शहीदों की शहादत पर पुष्प हम चढ़ाते हैं
मर मिटें जो आन पर शीश उन्हें नवातें हैं
देख कर होंगे प्रसन्न आज वो जंहा होंगे
बरसों से देखी राह वो पल पास आया है

संसार की सारी खुशियां बटोर लाया है
आज हमारा इष्ट अपने धाम आया है
बड़े भाग्यशाली हम इस घड़ी को देखेंगे
बरसों से देखी राह वो पल पास आया है ।

महाकुंभ

महाकुंभ के महत्व को
शास्त्र ऐसे बतलाता है
अमर होने   का अमृत
घड़े से उत्सर्ग पाता है

भारत का ये मुख्य पर्व
बारह साल में आता है
दो कुम्भो के बीच देश
अर्धकुंभ भी मनाता है

सूर्य चंद्र वृश्चिक राशि में
बृहस्पति मेष में आता है
मकर सक्रांति के दिन से
महाकुंभ शुरू हो जाता है

बारी-बारी से चार जगह
महाकुंभ मनाया जाता है
प्रयाग, हरिद्वार, उज्जैन व
नासिक के हिस्से आता है
विश्व का सबसे बड़ा मेला

कुंभ को बताया जाता है
करोड़ो लोगों का आना
इस पर्व में देखा जाता है

हिंदू धर्म के मतानुसार
कुंभ में स्नान जो पाता है
उच्च लोकों के द्वार खुलते
आत्मा भी आनंद पाता है

समरसता का बड़ा प्रतीक
त्यौहार ये महाकुंभ हमारा
जहाँ एक जगह पर पूरा
भारत इकट्ठा हो जाता है ।

तुम सी हैवान नही यमुना

खोई अपनी जमीन को
शायद पहचान रही यमुना
कब्जाई जो कालांतर में
उस पर उफान रही यमुना

ज़बरन हथियाई थी तूने
अंधाधुंध निर्माण किया
भूली थी जिन डगरों को
वापिस जान रही यमुना

अभी तो केवल ट्रेलर है
जो तुम इतना घबरा गए
पूरी पिक्चर तो बाकी है
अभी आह्वान रही यमुना

सुधरने की गर लो शपथ
जल, जंगल ना चुराओगे
माँ है माफ कर देगी वो
तुम सी हैवान नही यमुना ।

जेहादी क्यों?

कारण क्या पीछे क्यों लहू से हाथ सने
क्यों चुने ये रास्ता क्यों कोई जेहादी बने

मनोविकार एक कारण हो सकता पीछे
पागलपन हो यदि तो कोई जेहादी बने

जान लेने को बस हिंसक प्रवृति चाहिए
पाशविक सोच यदि तो कोई जेहादी बने

परिवार का माहौल जिम्मेदार हो सकता
सामाजिक परिवेश से कोई जेहादी बने

धार्मिक विचारधारा हो सकती है कारण
मजहबी कट्टरपंथी से कोई जेहादी बने

आतंकवाद के पीछे बहुत से कारण छिपे
मात्र एक ही वजह नही कोई जेहादी बने ।

बाते विकास की नींव विनाश की

फट रहे ज्वालामुखी
बादल कहीं फट रहे
सूखा कहीं पड़ रहा
कहीं ओले गिर रहे

बैचैन धरती हमारी
अम्बर भी परेशान है
बाते विकास की
नींव विनाश की धर रहे

लुप्त होती जा रही
जीवों की प्रजातियां
छोटी होती जाती हैं
जंगलों की छातियां

ग्लेशियर पिंघल कर
समुन्द्र बड़ा कर रहे
बाते विकास की
नींव विनाश की धर रहे

यही हाल रहा गर
ज्यादा नही चलने वाली
इस मूर्खता की दाल
और नही गलने वाली

जानते हुए अंजाम हम
पागलपन कर रहे
बाते विकास की
नींव विनाश की धर रहे

सदियों से जिसकी
ममता की छांव में रहते
ये हमारी धरती जिसे
प्यार से हम माँ कहते

अपने को रक्षक कहे
पर खुद बोझ बन रहे
बाते विकास की
नींव विनाश की धर रहे ।

हाथरस का हादसा

भीड़ थी जुटी हुई
हजारों लोग इकट्ठा थे
अचानक हुआ ऐसा
जलजला बन गया

शांति का स्थान
बदल गया अशांति में
हाथरस का हादसा
त्रासदी में ढल गया

भगदड़ में मरे सैंकड़ों
सपनों से जो भरे
सांसो का सिलसिला
अचानक थम गया

आँखों में आंसू लिए
दिलों में लिए दर्द
अपने बस रोते रहे
जोर यम का चल गया

सत्संग का पांडाल
या घाट शमशान का
भोले बाबा के नाम पर
मुर्दाघर बन गया

साकार विश्व हरि जैसे
लोगो से बचो तुम
मौत को बुला के जो
खुद वहां से टल गया ।

आधुनिक शादी

था कभी जो एक संस्कार
आज वो एक इवेंट बना है
दो रूहों का अहसास था जो
आज दिखावे का सेंट बना है

हल्दी मेहंदी घर पर होते थे
शादी सस्ते में हो जाती थी
डेस्टिनेशन का दौर है आया
नया एक मैनेजमेंट बना है

कई - कई दिन फ़ोटो शूट चले
मेकअप की लीपापोती हो
विवाह मंडप का कहना क्या
जैसे कोई फिल्मी टेंट बना है

क्या हो गया है हमको आज
कहां और किधर जा रहे हम
कौन सा कैसा दौर है आया
क्यों शादी आज स्टंट बना है

जितनी कई देशों की जीडीपी
उससे ज्यादा शादी पर खर्चा
फिजूलखर्ची में भारत आज
दुनियां में नम्बर वन बना है ।

एक दीपक हमारा भी

सुंदर सुखी जीवन हो
और हो उजियारा भी
आपके प्रगति पथ पर
एक दीपक हमारा भी

स्वस्थ, मस्त, व्यस्त रहो
दूर हो अंधियारा भी
आपके प्रगति पथ पर
एक दीपक हमारा भी

मार्ग ये निष्कंटक बने
मिल जाए किनारा भी
आपके प्रगति पथ पर
एक दीपक हमारा भी

बिगड़े सारे काम बनें
हो सब का सहारा भी
आपके प्रगति पथ पर
एक दीपक हमारा भी ।

अर्थहीन

सूरज को भी रात नींद आई
उसने भी देखा एक स्वप्न
उड़ता हुआ एक लाल वानर
नभ चीर कर आया उसकी ओर
और निगल गया उसे गेंद की तरह
और पूरी दुनिया खो गई

एक चिरकालीन अंधेरे में
जैसे ही सूरज की आंख खुली
वो घबराया और खोजने लगा
अपने वजूद को अपने अस्तित्व को
उसने प्रार्थना की और बोला
मुझे कभी नींद ना आए

मुझे कभी स्वप्न ना दिखे
क्यो की मैं स्वप्न में भी नही चाहता
कि मेरे कारण अंधकार छा जाए
और मेरे होने का मतलब ना रहे
मैं प्रकाशहीन हो जाऊं
मैं अर्थहीन हो जाऊं ।

विविध

संस्कृति के चार अध्याय

रामधारीसिंह दिनकर की
ये है एक अद्वितीय कृति
भारत में हुई चार क्रांतियां
बनाती है देश की आकृति

पहली क्रांति जब हुई जब
आर्यों का यहां हुआ आना
मिले आर्येतर जातियों से
बुना नया एक ताना बाना

दूसरी क्रांति बुद्ध महावीर
के आने से हुई थी उत्पन्न
वेद उपनिषद को चुनौती
सामंजस्य का हुआ प्रयत्न

तीसरी क्रांति इस्लाम आया
हिंदुत्व से इनका संपर्क रहा
एक दूजे से लिया बहुत सा
फिर भी बहुत सा भेद रहा

चौथी क्रांति उपनिवेशवाद
यूरोपियन्स का आना हुआ
संस्कृतियों के इस मिलन से
आज का भारत उदय हुआ

भारत को अगर जानना हो
तुम ये किताब पढ़ना जरूर
"संस्कृति के चार अध्याय"
जगाती है एक नया सुरूर ।

वैचारिक क्रांति

पढ़ाई दिमाग से उतर
जब दिल तक जाएगी
उस दिन समझना देश में
वैचारिक क्रांति आएगी

रटने की जगह जब भी
चिंतन द्वारा ली जाएगी
उस दिन समझना देश में
वैचारिक क्रांति आएगी

प्रश्न करने की संस्कृति
बच्चो में उपजाई जाएगी
उस दिन समझना देश में
वैचारिक क्रांति आएगी

खेल-खेल में जब शिक्षा
जीवन अंग बन जाएगी
उस दिन समझना देश में
वैचारिक क्रांति आएगी

मैकाले नही विवेकानंद
पद्धति अपनाई जाएगी
उस दिन समझना देश में
वैचारिक क्रांति आएगी ।

वर्चुअल बनाम रियल

सोशल मीडिया के चंगुल से

ए मेरे दोस्त अब बाहर आ

बहुत हुआ ये झूठ का सौदा

अब असल कुछ दोस्त बना

लाईक्स, कमेंटस की इच्छा

समय ही बर्बाद करवाएगी

वर्चुअल में जिए जाने को

ना तू रियल दुनिया बना

खुशियों का दिखावा यहां

सच में कहीं भी खुशी नही

खुशी सत्यापित करने को

ना औरो को आधार बना

जीवन सुख-दुःख का मेल

होता कभी एकाकी नही

नमक मिर्च के बिन खाना

क्या कभी जहां स्वाद बना

माना कुछ देर को डोपामिन

दिमाग को तेरे महकाएगा

क्षणिक सुखद अहसास को

ना तू अपने पर हावी बना ।

रात अंधेरी

गुनगुना रही रात अंधेरी

गीत गा रही रात अंधेरी

होले-होले धीमे-धीमे

बहती जा रही रात अंधेरी

नींदों को खुद में छिपाए

सपनों का संसार बनाए

सबकी थकान मिटा कर

सोने जा रही रात अंधेरी

तारों से आकाश टंगा है

चंदा इनके बीच दिखा है

देख अपना अजब नजारा

मुस्करा रही रात अंधेरी

इंतजार हर कोई करता

दीवाना भी इस पे मरता

दीवानी घूंघट से झांके

कब आ रही रात अंधेरी

बहुत से इसमें राज दफन

तंत्र काला जादू कफ़न

पहेली सी बनी हुई है

सदा रहस्य रही रात अंधेरी ।

आओ बारिश में भिगो लें

आओ बारिश में भिगो लें

अपने तन को अपने मन को

थोड़ा सा आज शीतल हो लें

गीला करले रूखे जीवन को

आंखों से खुशी के आंसू

आसमान बरसा रहा है

तृप्त धरती भी कर रही है

आज अपने कण कण को

पेड़ पौधे और जीव जंतु

सब पर अजब मस्ती छाई है

दिख रहे आतुर भरने को

आगोश में प्रकृति धन को

नदी नाले सागर की आज
खुशी का कोई ठिकाना नही है
मार उछाले सब बढ़ते जाते
बेताब है उफान लाने को

आओ आज इस अमृत का
थोड़ा हम भी पान कर लें
मिटा लें जन्मों की तृष्णा
धन्य कर लें इस जीवन को ।